북한산 매미

오름시인선 · 75

안시찬 시집

북한산 매미

어린 시절에는 세상 모든 것이 만만해 보였다.

우는 놈 젖 한 번 더 준다는 삶의 진리를 태아 시절에 터득한 나는, 세상에 나와 첫 일성이 산실을 무너뜨릴 듯한 우렁찬 울음이었다. 그런 나는 젖먹이 시절 불편한 일이 있으면 무조건 목청이 찢어지라 울어댔고, 그럴 때면 어머니는 만사를 제쳐 놓고 달려와 불편함을 말끔히 해결해 주셨다. 차차 철이 들자, 세상살이가 그렇게 간단치 않고 넘어야 할 장애물이 항시 앞을 가로막고 있는 허들 경기장이라는 것을 깨닫게 되었다.

2023년 서울시 지하철 게시용 '詩' 공모전에 [북한산 매미]가 선정되었다.

올 2025년에는 대전문학관 시 확산 시민운동 공모전에 8인 작가로, [대국] [위험한 연들] [당신과 나] 시 3편이 선정되었다. 이 시들이 말하고자 하는 의미가 바로 세상살이다.

[북한산 매미]는 서울 2호선 사당역, 3호선 잠원역, 5호선 까치산역, 6호선 월곡역과 하남시 풍산역에 게시되었다. 선정 작품들을 모음집으로 제작하여 서울도서관 등 26개 공립도서관에 비치되었다.

　시 [대국] [위험한 연들]은 대전문학관에서 8인 작가의 작품을 대전 도시철도 '오룡역 작은 문학관'에 게시하였고, '한밭도서관' '충남대학교 중앙도서관' 등에 순회 전시회를 할 예정이다.

　나는 이를 계기로 [북한산 매미]를 포함하여 아직 시집으로 발표되지 않은 작품들을 모아 네 번째 시집을 내기로 했다.

2025년 가을 입구에서

■ 차례

제 2부

제3부

제 **4**부

제 1 부

해가 촘촘히 그물을 치고 있는 밭에 도착한 나는
그늘에 몸을 숨길 수 없어
잡초들과 투명하게 싸워야 했다 …

북한산 매미

지열에 반숙이 된 매미 한 마리
날개의 꿈을 안고 나무에 오릅니다

용을 쓰며 허물을 벗는 모습
인고의 세월보다 단단합니다

햇살이 세상맛을 물었습니다
맵다며 매움매움 대답합니다

짐

1
어둠이 한 해의 끝자락을 되새김질하면
한 해는 꼬리도 없이 사라지고
새해가 얼굴을 내밉니다

2
새해의 초란이 영험의 속설이 되어
사람들이 딱딱한 눈꺼풀을 깨고
계족산*을 오릅니다

산정에는 암탉 수탉들이
울대를 길어 올리며
야호, 야호 홰를 칩니다

대청호 하늘 끝 자궁이 열리고
검붉은 초란을 산란하자
관망하던 군중들이
탯줄을 걸고 환호성을 지르며
주문을 외웁니다

3
햇살을 충전한 사람들이
갈아 신은 새 신발처럼 깃털을 달고
가볍게 산길을 내려옵니다

나는 짐이 된 한 살이 너무 무거워
산길을 내려오다 허방을 딛고
돌이 되어 한참을 굴렀습니다

부피 없는 나이도 쌓이면 무게가 됩니다

* 대전광역시 대덕구 장동에 있는 산

가면극

밀려오는 청춘에
골목이 무너졌다

사람들이 달려가
바닥을 들어 올리자
심장이 떨어진 까마귀 떼가
무덤의 탈을 쓰고 나타났다

천사들이 심장을 쓸어 담으며
주문을 걸었다
정지된 핏줄에서 온기가 살아날까

입과 입들이 미지근한 소문으로
설익은 설을 지어 귓속으로 나누어 먹고

현장을 재단하는 기술자들은
안구의 배율을 높이며
거미줄로 안테나를 엮어
숨어있는 진실을 끌어모았다

단풍이 들기에는 아직 먼 푸른 잎들이
철 이른 낙엽으로 쌓여있는 고목의 거리

젊음이 디딘 가장 먼 발끝은
고작, 골목이 멈춘 이태원 그곳이었다

하얀 국화꽃이 피어났다
국화꽃은 떠난 자들이 끝내 벗지 못한 가면이다

낡은 총신

잘못 찍힌 유효기한에
폐기되지 않은 낡은 총신들이
계룡스파텔 사우나탕으로 몰려옵니다

온탕에 들어가 몸을 풀어도
몸결이 부드러워지지 않는 것은
결박이 풀어 저 날아온 총성이
아직도 남아 있기 때문입니다

습식 사우나탕 몸에서는
땀방울이 슬러그처럼 떨어지고
건식 사우나탕에서는
발화한 화약 냄새가 납니다

평생을 닦아도 탄흔처럼 남아 있는
어눌하게 가라앉은 언어들이
부력으로 떠오르는 온천탕

유효기한이 수십 년이 지나도
불하되지 못한 무거운 짐들이
탄피처럼 쌓입니다

음각

나는 해독할 수 있지

어머니 이마에
삐틀삐틀 그려 놓은
수많은 상형문자를

첫아이 아장살이 맨 윗줄
자식들 뒷바라지
또 수십 줄

아버지 비명횡사에
가슴팍에 마구 새겨 놓은
지울 수 없는 깊이

고향 만들기

1
사람들은 항시 고향을
휴대전화처럼 주머니 속에 넣고 다닙니다

그러다 마음이 울적하고 힘이 들 때는
호젓한 곳에 혼자 앉아
고향을 꺼내보며 위로를 받습니다

2
주머니를 풀어헤치면
금세 높고 낮은 산이 병풍을 두르고
실개천엔 버들치, 시냇물엔 피라미가 한가롭고

봄이면 뻐꾸기 소리에 진달래가 초경을 하고
여름이면 정자나무 그늘에 개들이 게으름을 펴고
가을에는 황금벌판에 후루룩 메뚜기 나는 소리
겨울에는 문고리가 쩡쩡 으름장을 놓던
고향이 보입니다

3

사립문을 열고 들어섭니다
백 년도 넘은 감나무가
오월의 한나절이 무료한지
별꽃을 담장 너머로 던지며
나른한 하루를 보냅니다

계절마다 꽃을 바꾸는 정원에는
벌 나비가 사랑놀이에 빠져
앞산 그늘이 밤마실 온 줄도 모릅니다

사랑채를 지나
우리가 배춧속과 같이 차오르던
안채 빨랫줄에는
뽀얀 기저귀가 뽀송뽀송 마르고
어머니는 일거리에 퉁퉁 부른 젖통을
동생에게 물리고 호박전을 부칩니다

4
소나기가 내리던 여름날
고함에 놀라 주머니 속을 들여다보니
길상이 아버지와 명석이 아버지가
내 논이 먼저라며 살포*를 들썩거리며
한 치도 양보 없는 물꼬 싸움을 합니다

햇빛이 들판에 슬며시 끼어들자
어느새 아저씨들은 바짓가랑이를 내리고
주막집 들마루에 앉아 막걸리를 마시며
내기 장기에 여념이 없습니다

5
고향에는 일 년에도 몇 번씩 검정 숯에
빨간 고추와 청솔가지가 달린 금줄이 걸립니다
아이들은 죽순처럼 자라
종점을 향해 달리는 기차처럼 진학을 하고
가방끈이 끊어진 아이들은 고향을 가꿉니다

* 논에 물꼬를 트거나 막을 때 쓰는 농기구

소년의 꿈

초록의 꿈을 생식하는 소년이
세월에 바래지는 무늬가 싫어
그늘에 몸을 숨겼지

촉촉한 빗물이 스며들자
더 깊숙한 그늘로 빠져드는 소년

그가 손가락 끝으로
담장에 그려 놓은 젊음이
쾌쾌한 곰팡이처럼 길어 나자

소년은 깜짝 놀라 지나가는
정오의 햇빛 몇 장을 뜯어
젖은 그늘에 발랐지

꽃무늬가 피어났어

그제야 햇볕에 날개를 털고
날아가는 젊음

육지바다

대전중앙시장에 가면
바다가 육지로 흐르는
골목이 있다

물때는 오전 열 시에 열려
오후 여섯 시에 닫힌다

빨간 고무장갑과 검정 장화가
목판에 누운 물고기를 사열하면
얼음 조각에 비치는 은빛 파장이
바다를 일으킨다

햇살이 바쁘게 숨을 쉬고
정오가 사람들을 끌어모으면

몸빼바지가 구름처럼 떠다니고
청바지가 해변을 걸어가고
손수레가 낚시 릴처럼 물고기를 끌어 올린다

이곳 물고기들의 심장은
모두 조용하다

지느러미 없이 헤엄을 치고
부레도 없이 공중 부양을 하여
육지로 날아간다

사랑의 종착지

오일장에는 바다도 있고 육지도 있다
어머니가 가두리양식장에서 고등어 한 손을 사 오셨다

석쇠는 어물들의 마지막 굿판
영혼을 달군 고등어 토막은
이름표가 없어도 주인은 안다

나는 선점의 권리도 없다
이것은 자율적 규율이다

목구멍에서 단내가 나도록 기다려도
지느러미를 잃은 고등어는 출발선을 모른다

우리 집 항해사인 어머니가
가운데 토막을 아버지 앞으로 옮겼다

어머니가 '어두일미'를 강조하며
머리 부분을 드러냈다

분배가 탄력을 받았다
이제 질서는 서열순이다

큰형이 머리 다음 부분을
둘째 형이 꼬리 윗부분을 집어가자
선택 없이 꼬리 부분은 내 것이다

언제나 나는 실망의 대상이었고
어머니는 나의 희망이었다
내가 좋아하는 머릿살 몇 조각과
영양덩어리라며 눈 두 개를 밥사발에 올려 주셨다

아버지는 물길이 소용돌이칠 때는
방향키를 굳게 틀어쥐고 뱃길을 돌렸다
감기 기운이 있는지 생선 비린내가 나
먹을 수가 없으니 너희들이 나 먹으라며
가운데 토막을 남겨놓고 사랑방으로 건너가셨다

형들도 숙제를 한다며 윗방으로 올라갔다

어두일미도, 감기 기운도
숙제도 모두 핑계라는 걸 나도 안다

해일이 밀려와도 끄떡없는 믿음의 바위성 하나
내 가슴에 쌓는 일이다

역사

마른 가지를 붙들고
악력이 부르트도록 살았습니다

아버지는
아이들 학교와 살림 걱정을
밤새 새끼줄에 엮어
아침 햇살에 널었고

어머니는
구멍 난 양말 뒤꿈치를 기워
반짇고리에 노적가리를
쌓았습니다

우리는 가난이 뽀송뽀송 마르고
노적가리에서 연둣빛 새싹이
솟아나길 기다리면서

그저
땅만 보고 묵묵히 뻗어가는
땡볕 위 바랭이처럼
억세고, 정직하게 자랐습니다

들풀

가난은 일 년 분 양식이었다
우리는 작은 바람에도 흔들렸다

줄줄이 가지를 치며 길어지는 가방끈에
아버지의 주머니 속에서는 늘 신음이 새어 나왔다

정월이면 윗방 고구마 통가리도 배가 고파 쓰러졌고
쌀독은 끼니마다 바가지 긁는 공복의 소리가 높아져
망종이 되어야 잠잠해졌다

얼마나 버텨야 햇볕이 들까

걸어도 걸어도 터널은 끝이 없고
아이들은 옭매인 가방끈을
맸다 풀기를 반복했다

봄 불처럼 번지는 가난에
어머니는 화상으로 힘들고
아버지는 노역으로 수척해져 갔지만
포기 없는 끈기는 우리의 지표였다

우리는 그 믿음 하나 가슴에 품고
폭우에도 쓰러졌다 다시 일어서는
들풀처럼 억세게 자랐다

땜장이네 집

잘 마른 햇살도
때로는 땔감이 됩니다

입춘 지나 우수 경칩이 오면
젖은 몸을 마당에 널어 말리는 햇빛

아저씨는 양지쪽 바싹 마른
햇살을 갈퀴로 긁어모아
가슴에 불을 지핍니다

평생 꽁꽁 얼어 터진 날들
봄이면 촉이 터 차오르는
매화 꽃봉오리를 바라보며 또
금이 간 가슴에 희망의 꽃을 피워봅니다

수십 년을 살아가도 겨울뿐인 삶
멍들고 깨어져도 사랑은
그 질긴 인연의 끈을 이어갑니다

가난으로 칭칭 동여맨 그늘의 집
그 집에는 삶이 깨어지고 금이 갈 때마다
옹기그릇 테메우고 땜질하듯 살아가는
땜장이 아저씨가 있습니다

질겼던 날

오늘은 덜 삶아진 폐계처럼 질겼다

새벽에는 눈꺼풀에 채워놓은 자물쇠
비밀번호를 풀기 위해 침대 속에서
삼십여 분이나 뒤척였고

방전된 자동차 배터리를 깨우려
고장출동 배달을 신청했으나
배송지가 잘 못 찍혀
되돌아오는 데만 수십 분이 걸렸다

밭에 가는 길은 신호등과 죽이 맞지 않아
가다 서기를 반복했다

해가 촘촘히 그물을 치고 있는 밭에 도착한 나는
그늘에 몸을 숨길 수 없어
잡초들과 투명하게 싸워야 했다

정오가 지나서야 풀들은 모두 쓰러졌고
한나절도 넘게 전황을 살피던 나비가
흰 날개를 흔들며 파꽃에 백기를 꽂았다.

흠집

조각난 가슴을 안고
대문을 나섰다

균열이 간 골목은
딱히
갈 곳이 보이지 않았다

두 다리가 습관처럼
반복운동을 했다

앞서가던 아저씨가
깡통 하나를 세차게 걷어찼다
깨갱하고 담장에 부딪히자
모서리가 쭈그러들었다

나도 얼마 전
믿음의 발끝에 차여
명치가 우그러진 적 있다

평생 복원되지 않는
흠집이 되었다

안개의 나라

안압이 폭발한 분화구는 초점을 잃었다
이것은 수십 년 전 전문 예언가의 말과도 일치했다

지나가던 사람이 물었다
"저 모르세요?"
그는 봄볕같이 다가와 화사하게 웃었고
나는 빙벽에 새겨 놓은 벽화처럼
차가운 눈으로 바라보았다

나는 대답 대신 그의 얼굴과 옷맵시를
오래된 흑백사진첩처럼 뒤적거렸다
흐릿한 초상肖像이 오버랩되고
인화되지 않은 모습만 너울거렸다

우리는 지구의 정 반대쪽 사람들처럼
'모르세요? 글쎄요'라는 단어만 되풀이하며
어설픈 언어의 수화만 이어갔다

나의 망막에 오래전에 노이즈가 둥지를 틀었다

거주자는 불법 건물 시공자
터를 잡아 신축한 건물은
전염병이 되어 번져 나갔다

이제 그림자가 된 시야는
대다수 조망권을 잃었고
보이는 건 희미한 안개뿐
세상 모두가 안개의 나라다

그러나 나는
불완전 변태의 안개를 더욱 사랑한다

안압이 폭발한 시야는 내가 주인이고
안개가 초점이기 때문이다

얼룩

빨랫돌이 닳아
시냇물이 될 때까지

비비고 두들겨
수십 년을 치대도
지워지지 않는 얼룩

락스에 담가
잘 마른 정오의 햇살에 널면
외려 원색의 얼룩으로 살아나
속앓이가 되는 그 사람

시냇물이 바닥을 드러내
물의 심장이 멈출 때까지
헹구지 않는 한

이승의 얼룩은
빼낼 수가 없네

그런 얼룩
그가 알고나 있을까?

사랑도 모르는 바보

어릴 적 동네 한 아저씨는
나를 보면 어김없이

머리통을 목탁 치듯 두드리며
"고놈 참 대추방망이 같네"하며
염불을 했습니다

못생긴 조롱이란 생각에
나는 아저씨 뒷길에

"아이 재수 없어" 하며
침을 세 번 뱉어
부적을 붙였습니다

이제는 압니다

내 철없던 유년
사랑의 곡해를

제 2 부

가을을 파란 잠으로 보낸 동백이
막 깨어난 실눈으로 내 눈을 잡았다
나는 그의 차가운 얼굴에 빨간 스카프를 둘러주었다 …

청산은

나비야 청산엔 가지 마라
그곳은 네가 갈 곳이 아니란다

혹시나 가다가 청산이 나오거든
머루나 다래는 따 먹지도 말고

아린 무릇 뿌리나 캐 먹던지
쓰디쓴 마른 쑥 가지를 훑어 먹으렴

나비야 청산은 생각지도 마라
그곳은 속 빈 강정들이 파놓은
눈물샘이 있는 곳이란다

재개발

단단했던 한 인생의 허물이
송두리째 사라지는 순간이다

지하에 잠들었던 공룡이
진화된 모습으로 깨어나
목을 길게 늘여 이빨을 드러내자

아버지의 담장이 무너지고
우리를 받쳐주던 기둥이 쓰러지고
바람을 밀어내던 벽과
눈비를 떠받치던 지붕이
비명을 지른다

낡은 삶이,
새로움에 밀려 잔인하게 사라지는 곳
강단을 자랑하던 수천 장의 벽돌이 동강 나고
얼기설기 뼈대를 이루던 철근이 탄성을 잃었다

오직 응집력 하나로 버텨오던 바닥과 들보가
분별없이 사라지는 지금

누가,
분분한 그들을 끌어모아 일으킬 수 있단 말인가
다시 만날 기약은 아득하다

현장을 지휘하는 감독관은
목에 핏줄을 세우며
대단한 개혁이라 하지만
나는,
서두르지 않아도 될 재개발이라 했다

이제,
우리는 새로운 둥지로 떠나야 하고
오늘도 혼합이 불확실한 레미콘을 돌리는 그들은
주추를 세우고 이상異常의 집을 지을 것이다

덤프트럭이 수많은 흔적을 지우며
어디론지 사라지는 저녁이 쓸쓸하다

계량의 집

당신을 달아드려요
종합 계량은 기본이고
부위별 측정도 가능해요

노출을 꺼리면
비공개도 가능해요

공개도 상관없다고요?

마음을 비우고
맨몸으로 오르세요

아~, 이를 어쩌나?

우리나라 평균에 비해
염치가 턱없이 가벼워요

자만이 90이네요
그러니 당신의 사업은 실패가 90이죠

양심이 너무 부족해요
이성과 정직을 수시 복용하세요

감성지수가 100이 넘어요
그러니 소주 한잔에 눈물이 한 병이죠

당신 삶의 종합 계량 수치는
잘 살았음 30에 잘못 살았음 50
무반응이 20이네요

당신 생각에도 정확하다고요?
이 저울은 나노 계량기이니까요

연차 휴가

6미터 도시 골목이
뽑혀 나간 콩나물시루 속처럼
헐렁합니다

바람이 경적도 없이 달리고
길고양이가 졸음운전을 해도
골목은 멀쩡합니다

보름달이 풍성한 한가위
고향은 출향인으로 붐비지만
도시는 연차 휴가입니다

위험한 몸짓

분별도 없이 머리를 들고
하늘로 향하는 붉은 망 속 양파야

발밑은 빙하가 으르렁거리는 천만 길 허광
그곳은 지금 네가 까치발 딛고 올라
정착할 곳이 아니란다

어느 날 갑자기 세속에 낡은 밑창
와르르 무너져 곤두박질을 치면
깃털도 안 난 너는 어느 곳으로 몸을 날려
온전한 삶을 이을 수 있단 말인가?

호객

광고지는 민낯이 없다
덧칠은 할수록 아름다워 빛나고
수다는 넘쳐야 명사고 입은 똑똑하다

남의 담장에
스카치테이프 한 점으로
무대를 꾸미고

바람의 조명으로 온몸을 흔들며
호소성 글귀를 남발하는 것은
그들의 상투적 상술이지만
사람들은 반복되는 그물질에
쉽게 흡수되어 걸려든다

호객행위는 한때 일간지의 덤 팔이였으나
지금은 발품 팔이 상품이 되어 버렸다

오늘도 검은 마음 뒤로 감추고
천연스럽게 농간하는 저 넉살

'부도난 상품
창고 대 개방 방출
땡처리'

그의 얼굴이
등 뒤 담장보다 두껍다

가로등 하나

그 좋던 시력을 많이도 잃었구나

특정 지지 않은 사람을
기약 없이 기다리는 것은
정말 힘든 일이지

향기를 잃은 봄과
우산도 없는 여름과
낭만을 잃은 가을의 끝에서
겨울의 표정을 지어야 하는 것은 또
얼마나 쓸쓸한 일인가

너의 얼굴은 항시 창백했어

쇼 윈드에 벌거벗은 마네킹이
너의 위로가 아니었다면
너는 벌써. 하얀 지팡이를 짚고
골목을 방황하고 있을지도 몰라

조금만 참아봐
며칠 지나면 초롱초롱한 CCTV가
너의 옆지기가 되어 줄 거야

불안한 동거

초봄에 착불로 잘못 배송된 한기가
가을이 지나도 수신자를 찾지 못해 반송되지 않았다
입동이 지나자 아예 내 몸에 둥지를 틀고
찬기를 자양분으로 무럭무럭 자라더니
목젖이 통통하게 살이 오른 고뿔을 낳았다
고뿔은 뿔과 불의 힘으로 살아가는지
온몸을 구석구석 들어 받고 불을 지른다
나는 네가 미워도 너는 나를 놓지 못하니
차라리 사랑의 몸살이라면
당장 냉골에 묻혀 동사해도 좋겠지만
합의되지 않은 동거는 원인부터 무효다

동행

야경의 아름다움은

혼자만의 일이 아니라

어둠이 품을 수 있는

빛이 있기 때문입니다

둘이 가면 행복합니다

겨울 이야기

부산 동백섬에서 겨울숲에 갇혔다

가을을 파란 잠으로 보낸 동백이
막 깨어난 실눈으로 내 눈을 잡았다
나는 그의 차가운 얼굴에 빨간 스카프를 둘러주었다

할머니 한 분이 동백기름은 어디서 파느냐고 물었다
통닭집 옆에 있다며 아직 개장 전이라고 알려 주었다
폐계가 옆구리에 알을 품고 있었다

지나가던 아주머니가 해수욕장 가는 길을 물었다
강추위로 운신도 못 하는 바다를
왜 찾아가느냐고 쏘아붙였다
그의 비키니에서 호박이 늙어가고 있었다

집에 오는 길이 내내 동자승 삭발처럼 매끄러워
구르는 바퀴에 목숨을 맡겼다

집에 무사히 도착한 나는 곧바로
바퀴에 맡겨둔 걱정을 모두 돌려받았다

하늘에는 동백꽃이 하얗게 지고 있었다

공청회

트랩을 놓고

울안으로

끌어들이는

먹이사슬

신의 한 수

대전 역전 지하 계단에는 애호박이 늙은 호박이 되
도록 오직 전통 구걸 방식만을 고집하는 인간문화재
할아버지가 있다 가진 것이라고는 엉덩이가 된 스티
로폼 한 조각과 피붙이가 된 깡통 하나가 전 재산인
것 같지만 속주머니에서 휴대전화 진동음이 불쑥 튀
어 오를 때면 덜컥, 재산 목록 1호를 들키고 만다 그
는 수십 년간 그곳에서 좌정염불을 하고 있지만 불심
은 깡통이고 금욕만 가득하다 그가 눈을 감고도 적선
금액을 부처님 손바닥 들여다보듯 하는 신통력은 평
생 깡통 사업으로 귀속에 길러온 촉수 때문이다 그는
대전이 배출한 깡통계 대부다 허나, 수백 수천만 원이
휴대전화 하나로 오가는 요즘, 푼돈이나 끌어모으는
고루한 방식으론, 평생 거지꼴 못 면한다 이제 깡통은
휘파람 놀이나 하다 여생을 마치도록 고물원으로 모
시고 계좌번호로 도배한 홍보용 트럭 단상에 올라 한
손에 마이크, 또 한 손으로 구원의 전단지 함박눈처럼
날리며 전국을 제집 안방 드나들 듯하며 봄이면 뻐꾸
기 진달래 가슴에 피 토하듯 지저귈 때다 그래야 지나
던 거지도 상거지 되는 줄 모르고 노름방 섰다* 판돈
지르듯 만원 오만 원 연방 질러대고 주酒님을 주主님보

다 더 사랑하는 성도들 구름같이 몰려와 주먹 같은 눈물 펑펑 쏟아내며 "주여! 배고픈 자에게 일용할 양식을 주옵시고"를 주절대며 혼미한 정신으로 미친 듯 헌금하고 국내 재벌들이 경쟁하듯 큰 걸로 몇 방씩 쏘아대면 이 아름다움 너울성 파도처럼 해외로 흘러넘쳐 세계 재벌들도 신들린 듯 동화되어 오 년 이내 전국상권 교통망 통신망 접수하고 십 년이면 모든 관공서 매수하여 전용 헬기로 용산 대통령궁에 들여 깡통만 남은 대한민국 등기부등본을 대통령 턱밑에 디밀면서 당장 국가 통치권을 내놓으라 호통치며 그렇지 않으면 대한민국을 통째로 경매 처분하여 깡통 대통령을 만들겠다고 으름장을 놓게 될 것이다

* 화투 노름의 하나로 두 장씩 나누어 가진 화투장을 남과 견주어
  가장 높은 끗수를 가진 사람이 판돈을 가져간다.

전쟁 중

노선버스는 자유가 없습니다 환승 태그는 에누리를
합니다 나는 점령군의 신분으로 버스에 올라 의자를
강제합니다

나는 몇 개의 정거장을 지나야 유기 동물이 될까요?

인간이 새로운 것을 탐하는 본성처럼 버스도 정류장
마다 사람을 바꿔치기합니다

도로 위에는 크고 작은 지뢰들이 수없이 자전을
합니다 충돌의 위기는 예고가 없습니다 어쩌면 당신도
불원의 압박 속에 우주를 럭비공처럼 활공하다 유성의
작은 조각처럼 의지 없이 땅으로 떨어질 수 있습니다

우리는 그때를 대비하여 항시 안전구를 착용하고
투구형 헬멧을 준비해야 합니다 삶은 치열한 전투
입니다

사약을 법으로 오용한 '소크라테스는 숙고하지 않는
삶은 살 가치가 없다'고 했습니다

오늘도 살기 위해 장전하여야 할 한 발의 실탄이
필요한 이유입니다

남쪽의 푸른 집

영원히 마르지 않는 강가에
푸른 기와집을 지어놓고

평생 녹슬지 않는 보검을 움켜쥐고
곧은 낚시로 세월을 낚으며

죽음에 도달하고 싶은
보름달 같은 임금이 있었네

도도한 꿈은 백구 따라 날아가고
궁궐은 백성의 발소리로 가득하니

옛 주인은 그림자도 보이지 않고
스산한 달 빛 아래 강물만 흐르네

화신

타다 남은 곳간을 갈아엎자
매캐한 연기로 분장을 한
서른여덟 마리의 갈까마귀 떼가
뜨거운 눈물을 떨어뜨리며 하늘로 날아올랐다

갈까마귀를 잃은 주인들이
눈물로 밥을 지어 상을 차리자
소문을 듣고 몰려온 조문객들이
추측의 수저를 들고
설익은 소문을 나눠 먹었다

눈치를 등에 업은 꼬마 대장이
애도의 조문으로 비빔밥을 만들어 뿌리자
사람들이 구설의 돌멩이를 던지며 돌아섰다

화신의 불씨에 깃털이 타버린
십여 마리의 갈까마귀가 지금도
더 뜨거운 가슴에 깁스를 하고 신음하건만

화신들은 책임 소명만 불태우며
뜨거운 기억을 잠재우기 위해
소방 호스만 들이대고 있다

돌

정사가 극도로 혼미하여
하느님이 이를 바로잡고자 죄인을 불러

이제 너의 오른손이 왼손이 되라 하니
왼손이 오른손으로 변하였느니라

모든 신체의 부분이 스스로 자리를 바꿔

오른쪽 눈썹은 왼쪽 눈썹이 되고
왼쪽 눈썹은 오른쪽 눈썹이 되고

오른쪽 눈은 왼쪽 눈이 되고
왼쪽 눈은 오른쪽 눈이 되고

오른쪽 뺨이 왼쪽 뺨이 되고
왼쪽 뺨이 오른쪽 뺨이 되고

오른쪽 젖꼭지가 왼쪽 젖꼭지가 되고
왼쪽 젖꼭지가 오른쪽 젖꼭지가 되고

오른쪽 다리가 왼쪽 다리가 되고
왼쪽 다리가 오른쪽 다리가 되고

하나인 심장도 오른쪽에 자리하였으나

머리통 하나만 자리바꿈을 하지 못하니
하느님께서 그를 돌이라 하셨다

자화상 그리기

스케치를 합니다
물감을 풉니다

가식의 앞태와
모호한 옆태와
보잘것없는 뒤태가 싫어

덧칠이 떡칠이 되도록
팔레트에 묻어버립니다

제 3 부

이듬해 그는 글 밭에
무정란 씨를 뿌려
글 밭을 가꿨다

농장 문패를 '잡초'라 썼다 …

물레

정수리에 터져 나온
기억 한 올을 잡아당기면

끊어진 옛날이
실타래처럼 풀려나올 것 같아
한끝을 당겨보았네

토막 난 옛일은
물레를 돌려도

끝내,
나이테를 복원하지 못하고
망가진 나사못처럼 헛돌기만 했네

함박꽃 여인

화사한 5월의 햇살을 빌미로
연분홍 립스틱 입술을 하고
내 눈에 불침을 놓는 그대여

대전역 정동 뒷골목에 가면
육신이 헐 대로 헌 씨방에
마약 같은 타액을 흘리며
벌들을 끌어모으는
함박꽃 여자들이 있었지

지금 그녀들 꽃대궁 다 시들어
사라진 지 오래인데

당신은 수십 년이 지난 올봄도
옛 얼굴 그 표정 변함없이
함박웃음 보내며 정원에 앉아
나를 호객하고 있네요

매일 약국 약사

그는 오해할 정도로
나에게 친절하다

매일 밤낮 없이
'비아그라. 시알리스. 귀두확대제'

원가 파괴, 초특가 세일
100% 정품 보증
빠른 효과, 긴 발현
무료 배송, 당일 도착

그는 내 삶의 의욕과
경제적 빈곤까지
걱정해 주는 참 착한 약사다

나도 종합병원

서울 유명 의과대학에서
산부인과 전문의가 된 친구 기덕이가
졸부 장인 재산을 담보로 병원을 차리고
보증수표로 목에 개 목걸이를 걸었다

고등학교 반창회 모임에 나온 기덕이가
남들은 하루에도 몇 번씩 분갈이하며 접시꽃을 구경하니
얼마나 즐거운 직업이냐 말하지만
온종일 새장에 갇혀 꽃놀이하는 것도
이젠, 진저리가 난단다

접시꽃도 등급이 있다고 했다
꽃잎 가장자리가 도독하고 선홍빛이 돈는 것은 상품
활짝 펴 하늘만 바라보고 검붉은 색이 나면 중품
시들어 탄력과 향기도 없으면 하품 또는 폐품이란다

눈 속 깊이 물든 꽃 그림자 지우려면
소맥보다 좋은 게 없다며 연거푸 잔을 비우는 기덕이
폐지 팔아 새우깡 안주로 소주를 마시는 만석이가
진짜 행복한 만석지기라며 부러워한다

나도 목숨을 담보하고 종합병원을 차렸다

나는 레슬링광이다 중년에 시도 때도 없이 실전을 즐기다가 허리에 금이 가 고질병이 되었다 나이가 늘면서 평생 같이 살아야 할 병들도 늘어났다 뇌혈관이 노후화되어 혈액공급이 부실하고 백내장 녹내장이 짙은 안개를 몰고 오고 매미가 귓속에 노래방을 차리고 입속 갱도의 버팀목이 부식되어 흔들리고 위장 대장은 꽈리밭이 되고 혈액을 전달하는 펌프와 포도당 공장이 삐걱거리고 중앙 하수관은 좁아져 하수처리가 잘되지 않자
아예, 종합병원을 차리기로 하고 정형외과 신경외과 안과 이비인후과 치과 내과 비뇨기과를 개원했다

올가을 낙엽이 지고 검버섯이 무성하면
안면 수술을 위해 피부과도 개원하여
중부권 최고의 종합병원이 되면

대전 시장을 만나
나는 운영비 조달이 어려워 헐값으로 넘기겠으니
시립병원으로 인수하라고 청원할 생각이다

옥탑방 누나의 해부학적 고찰

옥탑방 누나는 우리 집 제일 높은 곳에서
우리 집을 한눈에 감시한다

누나의 봉긋한 동산은 꼭짓점이 별미다
150밀리 학다리 뒷굽에 스커트 끝단이
무릎보다 두 뼘이나 높은 풍경이
계단을 오르는 것을 볼 때면
아슬아슬 현기증이 돋는다

누나는 뭇 사내의 지존이다
양주를 수없이 마셔도 계산하는 사람 따로 있고
술을 마실 때도 중심점 안마 서비스를 받으며
육신을 팽개칠수록 믿음이 생겨
헌금도 기하급수로 늘어난다

누나는 메주가 재주다
그 간판에 수없는 남자를 거느리며
수컷들을 공깃돌 돌리듯 가지고 놀고
이른 새벽이면 보디가드가 집으로 모신다

퇴근 후 기분이 허한 날에는
나를 폭력적으로 깔아뭉갠다
그래도 난, 단 한 번 112에 신고를 한 적이 없다.

누나는 목구멍에 기관총 몇 자루 숨기고 산다
일 년 치 월세가 밀려도 할 말이 연발이다

누나는 언제나 칠흑 같은 눈이라
뵈는 게 없다

그런 눈에도 명절이 되면
스산한 달빛이 고인다

비련

행여나 길 가시다
나인 듯 스치시면
아니겠지 하시고서
가시던 길 그냥 가고

그래도 뒤돌아봐
내 모습 보았거든
좋았던 건 잊으시고
궂은 것만 생각하고

이도 저도 아니 되어
가슴 너무 저미거든
인연 아닌 인연이라
잊어 잊고 가시 오소

사랑 방정식

사랑에는
주판알이 없습니다

그냥
토굴에 가슴을 묻고

젓갈처럼
깊게 곰삭아 가는 것입니다

거울 같은 운명

내 눈에 강물이 흘러도
나는 본 것이 아무것도 없다

내 귀에 태풍이 지났어도
아무것도 들은 것 없다

설령 심장이 멈추었다 해도
죽었는지 살았는지도

귀로 보고 눈으로 듣는다
내가 가야 할 숙명

내 손에 꼭 쥐어지는
아담한 거울 같은 운명

그런 거 하나 있었으면
참 좋겠다

글 밭

"선생님,
시집 언제 나와요?"

"시집가기 좋은
내년 따뜻한 봄에"

"매년 내년이래"

"어디 애 낳는 일이 그리 쉬운가
마땅한 씨앗도 없는데"

이듬해 그는 글 밭에
무정란 씨를 뿌려
글 밭을 가꿨다

농장 문패를 '잡초'라 썼다

삼각관계

참새가 감나무 품에 안겨
이른 아침부터 조잘조잘
애교를 떱니다

심기가 불편한 바람이
감나무 머리채를 흔들며
참새를 쫓아버립니다

바람과 감나무가
한동안 밀고 밀리며
사랑싸움을 합니다

재미있다는 듯
빨랫줄이 콧노래를 부르고
바지랑대가 손뼉을 치며 깔깔대다
배꼽을 잡고 쓰러집니다

얼마 전 천둥소리에 놀란
멀대 같은 죽나무는 우두커니
하늘만 바라봅니다

참새를 떠나보낸 감나무가
산발 머리로 바람을 붙들고
한나절이나 몸싸움을 했습니다

제한 속도

자전거 바퀴가 느리게 돌아가고
자동차 바퀴가 빠르게 돌아가고
내 머리가 쉴 사이 없이 회전합니다

세상은 바퀴의 결합입니다

나는 생리의 바퀴에서
정속주행으로 태어났고

민구는 숲속에서 속도위반으로
햇살을 보았다고 합니다

움직이는 모든 곳에는
제한속도가 있습니다

숙자는 상습성 과속으로
혼외자 출산 공장
딱지를 떼었습니다

취향醉鄉

명주銘酒는
한 잔의 향기로
순간이 취하지만

나는
당신의 향기에
평생이 취합니다

잔류 전압

'찌지직' 합선이 일면 두 전극에 잔인한 영상이 맺힙니다

우리의 접점은 감성이 퉁퉁 불어 터진 석양이거나 불평이 만월 같은 때이었으므로 우리에겐 약전도 강전이 됩니다

"이제 가면 끝입니다" 말꼬리를 흐리며 돌아서던 그가, 꼬리를 자르지 못하고 멋쩍게 돌아올 때 나는 그를 처음처럼 사랑했습니다

우리는 저마다 가슴에 멈추지 않는 신선한 풍력 발전소를 가지고 있습니다 그는 생산한 전력을 방전하듯 쏘아대고 나는 그의 꼬리에 달린 플러그를 애써 뽑으려 하지 않습니다

전압계의 지침은 0~1 사이, 자정과 새벽 사이에는 적은 잔류 전압에도 강렬한 정전기가 흐릅니다

배경을 바꾸는 여자

오늘을 살아가는 여자는
어제의 밤을 죽인 범인이다

아침에 배경을 그리고
우아하게 출근하였다가

저녁은 초라하게 돌아와
두꺼운 채색을 지운다

오늘은 원피스로 통째로 살고
내일은 투피스로 나누어 산다

눈물은 필요시만 방출하고
웃음은 방만하게 방사한다

남자를 조폐공사로 관리하고
여자는 한국은행으로 살아간다

여자가 카멜레온처럼 배경을 바꾸는 것은
자기 보호적 색채가 강하기 때문이다

핵

여자가 입을 닫고 산다는 것은
장차 엄청난 일을 불러올 수도 있습니다

안전핀을 뽑는 순간 응축된 가슴은
감당할 수 없는 위력으로 폭발하여
집은 풍비박산이 나고
가족은 갈 곳을 잃습니다

얼마 전 옆집 아줌마의
수년간 닫힌 입이 폭발하였습니다

그 위력이 얼마나 컸던지
10리 밖 법원 청사가 들썩거렸고
집은 두 동강이 나고
아이들은 이 집 저 집을 기웃거리는
눈치가 되었습니다

여자의 입은 불발탄이 없습니다

터지면 한방으로 박살입니다

훌쩍새

오셨다 가셨네요 기척도 없이

안 오시면 섭하지요 잠깐이라도

얼마나 그렇게도 그리 바쁘면

오셨는지 오셨던가 그리하시나

그래도 다음에 다시 오시면

말씀도 나누시고 인사도 하고

그냥

우리는 가장 가까우면서
가장 모호합니다

우리의 삶에는
그냥이 습관처럼 따라다녀요

"당신 그때 왜 그랬어?"
"그냥."
"그럼 우린 앞으로 어떻게 되는 거야?"
"그냥 없는 걸로 하면 안 돼?"

그냥이라는 말속에는
무책임이 반입니다

그냥 스쳐 가는 강물에
둑방은 무너집니다

바람은 그냥 지나가지만
구름은 설 자리를 잃습니다

그냥 그냥 그냥이라는 말

내가 당신을
그냥 보낼 수 없는 이유입니다

제 4 부

역시 늙은 놈들의 반창회는 틀니로 갈비를 느긋이 뜯어도
누구 하나 먼저 일어나려고 하는 놈이 없다는 것이 진미다 …

재생 불가

하루를 반납하면 이자가 불어날까?

원금이 빠져나간 통장의 여백처럼
줄어드는 생의 잔고는 초라하다

나는 어제를 반납하고 오늘을 예금했다
돌아올 날들은 미래를 위해 적금을 붓기로 했다

마모된 볼트와 너트처럼 헐거운 날들

삐걱대는 무릎에 구리스를 치고
헛도는 삶을 스패너로 조이며
늘어진 심장에 충전기를 꽂으면
방전된 자동차의 시동처럼
젊음이 살아날까?

인터넷을 뒤적여도
젊은 부품을 생산하는 곳은 어디도 없다

늙은 청춘

한때는 봄가을, 짙은 선글라스에 빨간 모자 눌러쓰고 목척교 홍명상가 주변 도로에 빨랫줄처럼 늘어선 묻지마관광버스를 기웃거리던 불안했던 청춘!

운 좋은 날에는 립서비스 몸서비스 좋은 반반한 짝꿍 만나 소주 맥주 가리지 않고 주고받으며 살짝 맛이 간 정신으로 디스코 음악에 맞춰 버스가 방방 뜨도록 흔들어 대다가 잔잔한 음악에 취해 진한 스킨십으로 서로를 기대던 약간은 불안해야 완숙했던 청춘!

이제 반이나 줄은 반창회, 어림잡아 반은 늙고 반은 절룩거리거나 어눌하고 제대로 생긴 놈은 한두 명, 굳이 종합검진 받아 보지 않아도 분명한 건 보청기를 휴대전화로 착각하는 가는 밥상 받아 놓은 아슬아슬한 늙은 청춘!

이제 소주도 단종되어 사이다로 입가심하고 트림으로 남은 청춘을 비우며 살아가지만 그중 누군가는 아직도 성성한 눈초리로 '폴 앵카의 오 캐럴' 팝송을

콧노래로 부르며 한 다리 장단에 어깨를 들썩거리는
맛이 덜 간 청춘도 있다는 사실

　역시 늙은 놈들의 반창회는 틀니로 갈비를 느긋이
뜯어도 누구 하나 먼저 일어나려고 하는 놈이 없다는
것이 진미다

* 현재 목척교 부근에 1974년 중앙데파트와 함께 대전천을 복개해 지상
　5층 연면적 1만 7810㎡ 규모로 세워진 대전 상권의 중심 건물 있었으나
　2009년 철거되었다.

생존의 길

  벌레들의 생존경쟁을 유희라 부르는 것은 정말 마땅한 표현일까?

  위험한 삶의 난간에 서서 울대에 피멍이 박히도록 베짱이가 한 계절을 울어대고, 매미가 정사를 부르는 절규를 아름다운 노래로 치부하는 편견은 인간만이 가질 수 있는 잔인한 낭만이다

  "어디, 어금니를 맞대고 삶의 진기가 빠질 때까지 울어봐, 혀끝에서 단내가 나나, 우리는 그 부유물에서 쓴 내가 난다고 하지"

  삶은 눈먼 외다리가 목발을 짚고 레일 위를 걸어가는 불안하고 외통수 같은 길이라서 걷는 앞꿈치가 아프면 뒤꿈치가 무겁게 끌려가 무너지는 힘든 여정이다

  맘대로 상상하지 말고 투정하지도 마라
  삶은 포기하는 순간이 성공의 문전이다

도전에 천만번 물집이 피고 지어 군살이 될 때까지
최선을 다해라
어둠은 빛의 뿌리다

못

결합과 결함에 대한 이야기다

평편한 머리
가늘지만 강한 몸, 예리한 발끝
그의 상징적 모습이다

호되게 두들겨 맞아보지 않고서는
단맛 쓴맛을 말하지 않는다
바르게 두들기면 깊은 뿌리를 내리지만
잘못 휘두른 망치는 상처만 남긴다

인연이라 생각하면
머리가 부서지고 허리가 휘어지면서도
속살까지 파고들어 몸을 섞는다

그가 힘 있게 끌어안을 때
헐렁했던 이음과 맞춤은 단단히 조여지고
빗맞아 구부려 저 흔들릴 땐
모서리는 삐걱대다 무너진다

서투른 솜씨, 함부로 내려치지 마라
빗맞아 못대가리 부러지면
평생의 꿈 와르르 무너진다

망치와 모루

혼자만의 사랑은 봄 불에 가랑잎이다

늦은 밤 카톡이 왔다

당황한 두 눈이
선생님 글을 너무 좋아하는 '사람'입니다의
'사람'을 '사랑'으로 잘못 읽었다

머리에서 혼선이 일어나고
상상이 여우비처럼 내렸다

사랑이란 대장간 화덕 같아서
잠깐의 풀무질에도 얼굴이 달아오르고
심장이 녹아내린다

사랑 함부로 휘두르지 말라
빗나간 망치질에
망치도 모루도 깊은 상처를 입는다

겨울 여행

첫서리가 이별처럼 차가웠다
서둘러 밭을 빠져나와
나른한 몸 도마 위에 누우니
된서리보다 더 시퍼런 서슬이
신명이나 어깨춤을 들썩거리며
깍둑깍둑 행을 나눈다
파랗게 질린 몸을 몰아 놓고
하얗게 마른 바다를 뿌리자
짠맛을 보고서야
거품을 토해내는 조각들
조용하던 바다에 파도가 일자
절인 몸이 뒤집히고 버무려져
붉고 곱게 물이 들었다
가을의 꼬리에 몰려나
각기 다른 몸이 된 분신들이
똑같은 무늬의 옷을 입고
새콤한 맛길 찾아 떠나는
겨울 여행이 시작된 것이다

11월

장하다

그 숱한 파란을 지나
여기까지 오다니

이제

한 고개만 넘으면
봄이다

돌팔이

배가 아프면
배꼽에 파스를 붙여주던
돌팔이 위생병이 있었습니다

배는 더 곪아 터지고
나는 중환자 되어 결국
국군통합병원에서 위암 수술받았지요

내 여자 친구 말인데요
입에 밴 사랑한다는 말
검증할 수 있을까요?

카페에서 차를 마시며
나는 당신 생각에 속이 탄다고 하면
부리나케 벨을 눌러 냉수 한 컵을 주문합니다

죽으란 말인지 살라는 짓인지
제정신인가 하는 생각이 들어요

누구 없어요?
이 여자 치료해 줄 분

숲속으로 이사

1
자신을 잃어버려
숲이 된 사람들이 있습니다

그들은 자존을 잃고
분별없이 헤매다가
막장으로 들어갑니다

출입구는 굳게 닫히고
동선은 극히 제한적입니다

그들은 길든 가축처럼
약속된 신호에 밥을 먹고
때가 되면 배설을 합니다

2
학습이란 참으로 신기합니다
단순한 반복 학습은
불편이 정상이 되고
타의가 자의가 되어

새로운 생활방식에 익숙해지고
애써 출구를 찾으려는 노력을
쉽게 포기하게 합니다

3
이곳에는 쓸 신화가 없습니다
누구도 굳어진 알에서 깨어나
제 발로 출입문을 열었다는
구전이 없기 때문입니다

4
어제 옆방 동료 하나가 들것으로 숲속으로 이사를
갔습니다
이는 수시 볼 수 있는 보편적인 일이었으므로
동료 아무도 악수를 청하거나
배웅을 하는 사람도 없었습니다

아름다운 이별

이제 수다를 멈추고
곱게 물들었던 치장을
한 장 한 장 밑으로 내리며
떠날 준비를 할 때다

아름답던 기억을 애써
기록할 필요도 없다

언젠가 우리는
파릇한 모습으로 다시 만나

화려했던 시절을 이야기하며
깔깔대는 만인의 웃음으로
돌아올 것이다

가지가지 묶어놓은 인연
미련 없이 내려놓고

가볍게 떠나는 낙엽이란
얼마나 깔끔하고
홀가분한 이별인가?

양배추의 비밀

겹겹이
걸어놓은
빗장을 풀고

아래로 아래로
내려가면

대대로 이어가는
촛불 공장이 있습니다

생각을 바꿨어요

글을 쓰며
건강을 지웠어요

마음은 베짱이가 되어가고
다리는 무시로 허방을 짚어요

이러다가 세월이 다리를 걸어
업어치기라도 당한다면
영영 산속에서 새 소리나 들어야 할 것 같아
생각의 채색을 바꿔보았어요

황소 다리는 아니더라도
내 몸이라도 끌고 갈 수 있는
개미 다리의 근력은 돼야 한다는 생각에
어제 거실에 놀이터를 개장했어요

작은 공들이 신나게 뛰어놀아요
나도 아내와 짝꿍이 되어
탁구공과 열심히 뜀박질을 해요

근육이 귓속말로 소곤거려요
과욕은 산행의 지름길이니
무리하지 말라고

제자리

치킨의 몸에서 기름이 빠져나와
땅속으로 스며들었다

떨어진 흔적마다
유채꽃 향기가 피어올라
나비가 날아오고 씨방이 굵어져
까맣게 여문 씨들이 맺혔다

칭칭 동여맸던 구속들이 빠져나간
몸에서 깃털이 자라나
굳어있던 근육에 피가 흐르고
힘줄이 출렁거렸다

비행의 기능을 복원한 날개가
몸통을 달고 달걀 속으로 날아가
문을 꼭꼭 걸어 잠갔다

이제 뜨거운
기억은 잊기로 했다

한통속

그놈 참 능글능글 눈치만 살았다
매화나무 가지가 젖몸살 할 때만 해도
내 발소리에 맨발로 뛰어나와
길길이 뛰어오르며 오두방정 다 떨더니

나뭇잎 널브러져 염하는 계절 되니
문지방에 턱을 괴고 눈인사가 고작이다

나이도 전염성이 강한지

나도 손자들 오는 날엔 대문까지 뛰어나가
손 터치 스킨십하던 동작 다 손절하고

기껏 하는 짓이 "왔냐?"

개 탓만 할 것도 아니다

유령의 집

식탁 모서리에 앉아
커피잔에 수면제를 부어
밤마다 가글을 하는 여자

맞은편 의자에서 뻐드렁니를 보이며
커피믹스를 간장통에 넣고
고춧가루를 풀어 마시며 패티킴의
이별 노래를 눈물 나도록 부르는 남자

물 없는 개수대에 기대어
몸풀기를 하는 그릇과
두 발을 대자로 펴고 누운 젓가락
한 손으로 양치를 하는 수저들

양귀비꽃을 머리에 피우며
색소폰으로 황성옛터를 연주하는
밤무대에서 퇴출당한
얼굴이 노각처럼 누렇게 뜬 악사

무너지는 지붕의 기울기를 따라
아래로 미끄러지면

보상할 수 없는 시간 속에서
밤새 생각을 주무르며
날밤을 사르는 사람

출근

해는 알람의 원조다

우리는 모두 먹이 사슬에 이끌린
무수한 개미가 되어 일어난다

개미는 앞발로 눈을 비비지만
나는 세수로 하루를 연다

분장을 한다
밥 줄이 들어있는 가방과
양식을 실어 나를 자동차 열쇠를 챙긴다
모두가 하루를 일구는 연장들이다

그제는 하루 동안 의자에 앉아
컴퓨터 화면과 싸웠고

어제는 아침에서 저녁까지
입에서 하수구 냄새가 나도록
발품과 말품을 팔았다

오늘은 팀장에게 눈도장 찍고
어제 뿌려 놓은 말들을 찾아가
말발은 깊게 먹혔는지
촉은 트고 있는지 알아보고
영양제도 놓아주고
익은 열매를 수확할 생각이다

현관문을 나서는 나에게
집사람이 말했다
"당신 차가 불길에 활활 타오르는
불길한 꿈을 꾸었어요 조심하세요"

"그 꿈 내가 사지"
십만 원을 냅다 질렀다

일상

면도기로 어둠을 자릅니다

눈꺼풀에 낀 새벽을
수저로 걷어 내며
요기를 합니다

알람이 급하다고 닦달을 합니다
나도 바쁘게 기록합니다

오늘은 2024년 5월…
자투리를 자릅니다

오늘도 뻔한 하루
시멘트 60포와 모래 60통
핀잔은 수시 즐겁게 마십니다
하루가 두껍습니다

상상력과 해학이란 방정식으로 축조된 견고한 건축물

– 안시찬 시집 '북한산 매미'를 읽고

문희봉

시인·평론가

1. 들어가는 말

한여름이지만 따가운 햇볕이 거실로 들어오니 기분이 좋다. 전봇대에 앉아 구구구구 노래하던 비둘기 몇 마리가 꽁지를 구구거리더니 내일 다시 오겠다며 포르르 날아오른다. 보이는 것은 찰진 녹음들, 평자는 이때 안 시인의 시 원고를 읽는다. 첫 시부터 행복을 선물한다. 삶에서 느낀 번민과 어떤 결핍, 그리고 기쁨, 환희들을 서정과 상상력, 해학이라는 밥솥에 넣어 잘 익혀낸 시들이다. 좋은 쌀을 생산해 한 그릇의 맛있는 詩밥을 짓기 위해 오늘도 안 시인은 마음의 들판을 경작하고 있는 중이다.

우리는 시를 통하여 작가가 세밀하게 그려놓은 그림을 보게 되고, 독자는 그 속에서 마음의 문을 열게 되며, 은근히 미소 짓다가 박장대소를 보이기도 하고, 눈물을 흘리거나 무릎을 치며 공감하는 과정에 이른다. 창작물(시집)이란 작가에게는 자식과도 같은 존재다. 다른 사람의 시를 읽는 것은 그 사람의 영혼을 들여다볼 수 있는 좋은 방법이며 계기가 된다.

안 시인의 시에서 가장 많이 사용된 제재는 삶(세상살이)이다. 안 시인의 시는 마음 깊은 곳에서 숨 쉬고 있고, 영원한 세계로 들어가는 호수에서 유영하고 있다. 안 시인의 시는 방울처럼 감성적인 자극에 예민하며 울림이 있어 좋다. 안 시인의 시에서는 평소 외적 일상에서 풍기는 성실성이나 소박함, 즉 삶의 진정성이 물감처럼 진하게 묻어 나온다. 지나친 기교성과 현란한 말솜씨를 사양하고, 맑고 투명하며 전혀 꾸밈이 없는 시로 집을 지었다는 걸 알 수 있다. 안 시인은 현실 상황을 생생하게 전달하기 위해 최대한 감정을 절제하면서 일정한 거리를 유지하고 있다. 안 시인의 시를 읽다 보면 시 자체의 아름다움에 반한다. 농축되고 절제된 시어가 주는 위로와 공감 등 깊고 험한 산속에서 예쁜 야생화를 만난 것처럼 반갑고 신선하면서도 예언적 계시를 받는다.

세상에 시인이라는 이름으로 행세하는 사람은 많아도 정작 좋은 시를 쓰는 사람은 그리 많지 않다. 나는 좋은 시집을 만나면 단숨에 읽고 또 읽는다. 나를 기쁘게 해주는 시집이기에 그렇다. 그날은 숙면이란 선물을 받는다. 안 시인은 차분한 사고력으로 조곤조곤 읊어가는 기력도 굳건하며, 아주 적절한 시선과 언어 구사와 눈맛 이상의 알뜰함과 포근함을 조합할 줄 아는 시인이기에 시가 좋은 것이다.

시인에게는 네 번째가 되는 이 시집은 서울지하철 게첩용 시 공모에 당선되어 그 시를 대들보 삼고 그간 썼던 시로 기둥과 도리, 서까래를 만들어 세운 한옥이다. 안 시인의 연륜 탓일까. 시가 더욱 부드럽고 깊이가 있으며 향이 남다르다. 안 시인의 시는 살아 움직인다. 늘 움직인다. 웅덩이에 고인 물이 아니다. 발원지로부터 힘차게 흐르는 계곡물이다.

한 가지 특이한 점을 발견한다. '갓난아기에게는 유모(乳母)가 필요하다. 그러나 성인에게는 유머(humor)가 필요하다. 유머로써 막힌 것을 뚫고, 굳어버린 표정을 편다. 유머를 알면 인상이 바뀌고, 인상이 바뀌면 인생이 바뀐다.' 유머리스트 박봉주 시인의 말이다. 안 시인은 비유와 상상력으로 시의 집을 짓는데 거기에 유머와 해학이 곁들여진다. 그래서 독자들은 기뻐하고, 읽고 나면 가슴이 후련해진다. 스트레스가 확 풀려 몸이 가벼워진다. 안 시인은 특이한 작법으로 시를 쓰고 있다. 한 편 한 편이 절창이다. 읽으면서 내내 많은 생각을 했다. 어쩜 이리도 개성적 작법 전개에 능통할까. '북한산 매미'를 읽으면서 평자는 기쁨의 호수에서 쉽게 나오지 못했다. 다음 시들의 수준도 엿볼 수 있었기 때문이다. 강연도 재미가 있어야 듣는다. 재미가 있어야 기립박수를 받는다. 참으로 시다운 시를 접하곤 만족의 미소를 지어본다.

안 시인은 독특한 시각으로 삶을 액자 속에 담아내는 기교가 능숙하고 시의 행진이 현란하다. 자신의 삶에 기초하여 스스로 구원받고 또 독자들을 위로해 주고 가슴을 울렁이게 한다. 이것이 안 시인이 시를 쓰는 이유가 아닐까 생각해보며 작품에 접근한다.

2. 안시찬 시인의 시 세계

서정과 해학으로 가꾸는 삶

자연 및 인생과의 교감을 통해 삶의 깊이가 우러나는 빼어난 시편을 선보인다. 고향 풍경도 하나의 삶이다. 고향 풍경이 결국 어머니로 귀결된다. 자식들은 대처로 나가고, 어머니는 일거리에 퉁퉁 부른 젖통을 동생에게 물리고 호박전을 부친다「고향 만들기」. 상상력과 해학, 비유로 고도의 작법을 선보인다. 하느님이 봄마다 다른 색으로 새로운 봄을 만드는 것처럼 안 시인은 잘 다듬어진 새로운 말로 삶을 디자인한다. 앞만 보고 달려가는 우리네 인생에서 가끔 지치고 쓰러질 때가 반드시 있게 마련이다. 안 시인은 그 시간을 실패나 좌절, 또는 낙오의 시간이라는 생각보다 좀 더 넓어지고 있는 시간이라고 생각하며 긍정적인 삶을 살아간다. 그러니 삶이 무지갯빛일 수밖에 없다. 지열에 반숙이 된 매미 한 마리 용을 쓰며 허물을 벗는다. 햇살이 물으니 삶은 매운 것이라고 매움매움 대답한다. 소년의 꿈은 바로 시인 자신의 꿈이다. 상상력으로 매듭짓는 정상에서 시인은 햇볕에 날개를 달고 날아간다「소년의 꿈」. 한나절도 넘게 전황을 살피던 나비가 흰 날개를 흔들며 파꽃에 백기를 꽂았다「질겼던 날」.

> 지열에 반숙이 된 매미 한 마리
> 날개의 꿈을 안고 나무에 오릅니다
>
> 용을 쓰며 허물을 벗는 모습
> 인고의 세월보다 단단합니다
>
> 햇살이 세상맛을 물었습니다
> 맵다며 매움매움 대답합니다
> ―「북한산 매미」 전문

정말 짜증 나고 때로 자신이 한심해 보이는 순간까지도 '괜찮아.'라고 말할 수 있다는 것은 모든 상황을 포기한다기보다는 자신의 실수를 용서하고 상황을 너그럽게 받아들이는 자세이다. 나쁜 상황에 접하더라도 그 순간 있는 대로 화를 내거나 그것을 되뇐다고 해도 상황은 나아지지 않는다. 긍정적인 생각은 그래서 좋다. 그냥 스쳐 가는 강물에 둑방은 무너진다. 바람은 그냥 지나가지만 구름은 설 자리를 잃는다「그냥」. 시인이 당신을 보낼 수 없는 이유이다. 안 시인은 흔히 나이가 많아졌으면 하고 바라는 사람이 많은데 그 나이도 쌓이면 무게가 된다고 강조하며 그건 바른 삶이 아니라고 역설한다. 안 시인은 모든 삶을 긍정적으로 본다. 잘못 찍힌 유효기간이 폐기되지 않은 총신들이 사우나탕으로 몰려온다. 평생을 닦아도 탄흔처럼 남아 있는 어눌하게 가라앉은 언어들이 유효기간이 수십 년이 지나도 불하되지 못하고 탄피처럼 쌓인다고 말한다.

평생을 닦아도 탄흔처럼 남아 있는
어눌하게 가라앉은 언어들이
부력으로 떠오르는 온천탕

유효기한이 수십 년이 지나도
불하되지 못한 무거운 짐들이
탄피처럼 쌓입니다
          ─「낡은 총신」 중 일부

진실한 삶과 함께하는 순정한 희망

세상의 모든 것이 눈부신 깨달음의 재료이다. 시련, 고통, 괴로움의 폭풍도 마찬가지다. 그때는 견딜 수 없는 시련이었고 고통이었으나 한순간 깨닫고 나면 밝은 빛으로 변한다. 깨달아야만 비로소 빛이 된다. 희망이 되고 기쁨이 된다.

누구에게나 자신만이 갖는 아픔과 고통 그리고 상처가 있다. 잘 극복하고 이겨내서 단단해지는가 싶었는데 어느새 튕겨 나와 일상 속에서 자신을 다시 아프게 한다. 그때는 그 문제만 보여서 아무것도 하기 싫어진다. 잠시 멈춰 그냥 자신을 보고 좀 더 자주 따뜻하게 웃어주는 것이 필요하다. 그런 거리 두기, 유머를 담아 거리를 두고 자신을 바라보기, 그것이 오히려 과잉 대응할 때보다 해결책이 더 빨라 보인다. 희망의 끈을 놓지 않고 살아가는 땜장이네 집은 우리들의 우상이다. 수십 년을 살아가도 겨울뿐인 삶이라도 멍들고 깨어져도 사랑은 그 질긴 인연의 끈을 이어나가 봄바람 부는 곳으로 안내한다.

수십 년을 살아가도 겨울뿐인 삶
멍들고 깨어져도 사랑은
그 질긴 인연의 끈을 이어갑니다

가난으로 칭칭 동여맨 그늘의 집

그 집에는 삶이 깨어지고 금이 갈 때마다

옹기그릇 테메우고 땜질하듯 살아가는

땜장이 아저씨가 있습니다

－「땜장이네 집」 중 일부

'남의 떡이 더 커 보인다.'는 말이 있다. 내 울타리 안에 있는 것들을 가벼이 여기면서 자꾸 울타리 밖을 쳐다보는 버릇은 버리는 게 좋다. 지금 내가 가진 것, 지금 내 곁에 있는 사람, 더없이 값진 '다이아몬드 밭'이다. 잘 갈고 닦으면 빛나는 보석이 된다. 흠집 없이 사는 사람은 없다. 길을 잘못 들었다고 낙심할 것 없다. 나 있지 않은 길을 간다고 두려워할 것 없다. 절벽도 만나고 돌밭도 걷지만, 그 고통과 수고 덕분에 없던 길이 생겨나고 새로운 지도가 만들어진다. 그 길, 그 지도를 따라 많은 사람이 편안한 마음으로 오고 간다. 안개의 나라에도 안개가 걷히면 새 세상이 전개된다「안개의 나라」. 안 시인은 불완전 변태의 안개도 사랑한다. 안압이 폭발한 시야는 내가 주인이고 안개가 초점이 된다. 희망은 처음부터 있었던 것이 아니다. 아무것도 없는 곳에서도 생겨나는 것이 희망이다. 희망은 희망을 갖는 사람에게만 존재한다. 희망이 있다고 믿는 사람에게는 희망이 있고, 희망 같은 것은 없다고 생각하는 사람에게는 실제로도 희망은 없다.

앞서가던 아저씨가
깡통 하나를 세차게 걷어찼다
깨갱하고 담장에 부딪히자
모서리가 쭈그러들었다

나도 얼마 전
믿음의 발끝에 차여
명치가 우그러진 적 있다

평생 복원되지 않는
흠집이 되었다
　　　-「흠집」 중 일부

사랑은 순정한 휴머니즘으로 만들어가는 것

안 시인은 사랑의 양념을 항아리에 가득 채워놓고 산다.
불면의 밤을 애써 눈 부릅뜨고 건넜을 갈꽃의 신음도 사랑
으로 녹여주는 시인이다. 사랑은 미워졌다가 예뻐졌다가
변화무쌍한 것이다. 미움이라서 진정 미움이 아니고 사랑
을 위한 잠시 멈춤이다. 전기밥솥에서는 절대 맛볼 수 없는
가마솥의 누룽지. 뜸 잘 들은 맛있는 밥을 위하여 제 몸 뜨
거운 줄 모르고 견뎌내는 누룽지. 나를 잘 익혀 세상에서
제구실하게 해주는 보이지 않는 누룽지 같은 사람들. 좋은

일 뒤에는 항상 그것을 이루게 해준 고마운 사람들이 있다. 그 사람들의 가슴 속에는 사랑이란 보물이 가득 들어있다. 철없던 유년 사랑의 곡해를 지금 후회하고 있는 시인이다 「사랑도 모르는 바보」.

부부도, 이웃도 사랑하면 분명 건강해진다. 그래서 더 행복해지고 더 오래 살 수 있다. 그러나 이런 사람들에게도 하나가 더 필요한 게 있다. 그건 다름 아닌 '존경'이다. 서로 존경할 수 있어야 사랑은 견고해진다. 사랑과 존경이 두 바퀴처럼 늘 함께 가야 장수해도 의미가 있고, 또 그만큼의 행복이 뒤따른다. 사람과 사람 사이의 관계는 정원과 같다. 무성하게 잘 가꾸려면 꼬박꼬박 물과 거름을 주어야 하고, 예측할 수 없는 날씨까지 참작해서 각별한 정성으로 보살펴야 한다.

우리는 저마다 가슴에 멈추지 않는 신선한 풍력발전소를 가지고 있습니다 그는 생산한 전력을 방전하듯 쏘아대고 나는 그의 꼬리에 달린 플러그를 애써 뽑으려 하지 않습니다

전압계의 지침은 0~1 사이, 자정과 새벽 사이에는 적은 잔류 전압에도 강렬한 정전기가 흐릅니다

− 「잔류 전압」 중 일부

사랑도 능력이다. 한 사람을 깊이 사랑할 수 있는 능력, 그런 능력이 비로소 만인(萬人)을 사랑할 수 있게 한다. 한 사람도 제대로 사랑하지 못하면서 어떻게 만 사람을 사랑할 수 있을까. 한 사람을 제대로 사랑하기 위해서는 '엄격한 자기 훈련'이 요구된다. 그 훈련 과정이 사람을 성숙하게 만들고 큰 힘을 갖게 한다. 사랑할 능력이 가장 위대한 능력이다.

많은 사람의 사랑을 받고 사는 것은 좋은 일이다. 그만큼 멋있고 인기가 높다는 뜻도 된다. 그러나 나에게 사랑을 주던 사람의 마음이 변하는 순간 그 인기도 한순간에 거품처럼 사라질 수 있다. 하지만 내가 사랑을 주며 사는 사람은 다르다. 내 마음만 변하지 않으면 사랑은 오래간다. 나를 사랑하는 사람보다 내가 사랑하는 사람이 많아야 큰 사람이다. 영원불변의 큰 사람이다. 유치환은 '행복'이란 시에서 '사랑하는 것은 사랑을 받느니보다 행복하다.'고 했다. 안 시인은 「돌팔이」에서 한 여자가 한 남자를 사랑하는 법을 얘기한다. 사랑은 도전이고 실천이고 뒤주 안에 갇히는 것이라고 한다. 여자가 하는 행동 하나하나는 나를 살리는 의사의 역할과 같다.

카페에서 차를 마시며

나는 당신 생각에 속이 탄다고 하면

부리나케 벨을 눌러 냉수 한 컵을 주문합니다

죽으란 말인지 살라는 짓인지
제정신인가 하는 생각이 들어요

누구 없어요?
이 여자 치료해 줄 분
　　　　－「돌팔이」중 일부

과욕을 부리면 신물을 거둔다

누구나 건강을 생각하면 쉬어야 하는데 그런 짬을 내지 못하며 바쁘게 산다. 어떻게 쉬느냐? 우선, 잠깐 멈추어야 한다. 모든 휴식은 멈추는 것에서 시작된다. 다음은, 한 마리 새가 되어 자연으로 돌아가는 것이다. 때때로 숲으로 들어가 나무와 풀과 꽃과 더불어 물장구치듯 몸과 마음을 말끔히 씻어내는 것, 그것이 진정 좋은 휴식의 방법이며 '어떻게 쉬면서 건강을 도모하느냐에 대한 작은 힌트가 된다. 건강을 유지하는 방법이다. 안 시인은 건강 생활을 위한 지침으로 자신의 노력이 과유불급이란다. 지나침은 미치지 못함만 못하니 욕심부리지 말고, 무리하지 말란다. 건강을 잃으면 모든 걸 잃는 것이다. 건강은 건강할 때 지켜야 한다. 감기와 합의되지 않은 동거는 원인부터가 무효다. 이마를 친다 「불안한 동거」.

황소 다리는 아니더라도

내 몸이라도 끌고 갈 수 있는

개미 다리의 근력은 돼야 한다는 생각에

어제 거실에 놀이터를 개장했어요

작은 공들이 신나게 뛰어놀아요

나도 아내와 짝꿍이 되어

탁구공과 열심히 뜀박질을 해요

근육이 귓속말로 소곤거려요

과욕은 산행의 지름길이니

무리하지 말라고

　　　－「생각을 바꿨어요」 중간 부분

　큰 산에 오르려면 만반의 준비를 해야 한다. 용기나 결심만으로 해결되는 것이 아니다. 준비 없는 용기는 만용이 되고, 자칫 큰 사고를 불러올 수 있다. 정상에 오르는 성취감도 좋지만, 그것을 목표로 열심히 준비하는 모든 과정에 기쁨과 행복을 느끼는 사람이 진정 인생을 즐길 줄 아는 사람이다. 안 시인은 건강을 지키기 위해서는 변화무쌍한 주변 환경에 적극적으로 대처하며 살아야 한다고 주문한다. 하고 싶은 일이 있음에도 다른 사람의 이목을 두려워하거나

고정관념이나 편견 때문에 기회를 놓쳐서는 안 된다고 말한다. 모든 존재는 자신의 방식으로 자신만의 삶을 살아갈 권리가 있기 때문이란다. 웃으며, 감사하며, 즐기며 오늘을 살자 한다. 그래야 행복해지고 건강도 도모된다고 한다. 억지로는 지킬 수 없는 것이 건강이다. 인터넷을 뒤적거려도 젊은 부품을 생산하는 곳은 어디에도 없다 「재생 불가」.

게으름이 만병의 근원이다. 몸만 불결해지는 것이 아니고, 온갖 잡동사니가 쌓여 마음도 머리도 혼탁해진다. 피곤하지도 않은데 휴식을 취해 버릇하면, 정작 휴식이 필요할 때 갈 길이 없다. '동창에 해가 떴다. 얼른 일어나 몸을 부지런히 놀리자. 몸을 움직여야 마음도 육신도 건강해진다. 내 몸을 소모품처럼 쓰지 말자.' 나이 들면 아이가 어른 되고, 강아지가 개 되고, 송아지가 소 되는 건 정한 이치이건만 내 청춘 영원할 줄 알고 소모품처럼 쓰다간 큰코다친다고 경고한다.

나이도 전염성이 강한지

나도 손자들 오는 날엔 대문까지 뛰어나가
손 터치 스킨십하던 동작 다 손절하고

기껏 하는 짓이 "왔냐?"

개 탓만 할 것도 아니다

　　　　　　　-「한통속」 중 일부

울림이 선물하는 값진 선물

짧은 시가 들려주는 울림은 가히 압권이다.「동행」,「공청회」,「자화상 그리기」등이 그렇다. 저 한 잎의 지워지지 않을 흔적의 서정시들이 평자를 기쁘게 한다. 아주 짧은 시행 속에 우주가 들어있고, 안 시인의 인생관이 들어있다. 일상에 젖어 살다 보면 나를 모르고, 나를 잊고 산다. 내가 과연 어디서 왔고, 어디로 가는지 방향도 목표도 잃은 채 떠밀리듯 살아간다. 그러다가 문득, 어떤 특별한 인연으로 '진짜 나'를 만나면 모든 것이 새롭고 모든 것이 황홀해진다. 그야말로 '벼락같은 황홀경'이다. 안 시인은 이런 황홀경을 독자들에게 선물한다.

물살의 흐름이 멈춘 고요한 저수지에 퐁, 돌을 던지면 놀란 듯 퍼지는 파문처럼 잔잔한 누군가의 마음에, 일상에 던진 말 한마디가 커다란 울림이 된다. 따뜻한 말 한마디가 감동의 파문을 일으킨다. 기쁨과 슬픔, 희망과 절망, 당신과 나, 따로 떨어져 있지 않다. 춤추는 댄서처럼 하나이면서 둘이고, 둘이면서 하나다. 함께 얼굴 맞대고 서로 고개 숙이며 서로를 허용하면 기쁨도 춤이 되고 슬픔도 춤이 된다. 당신과 나라면 모든 것이 다 춤이 된다. 짧은 시 속에

열린 마음, 따뜻한 눈과 가슴이 있으니 타인의 아픔도 보이고 무슨 일이든 할 수 있다. 연민의 강물이 흘러넘쳐 사랑이 되고, 삶의 강물도 풍요로워진다.

평자는 정호승의 '풍경 달다'를 좋아한다. '운주사 와불님을 뵙고 돌아오는 길에 그대 가슴의 처마 끝에 풍경 달고 돌아왔다 어디서 바람 불어와 풍경소리 울리면 보고 싶은 내 마음이 찾아간 줄 알아라' 얼마나 큰 울림인가? 안시찬 시인은 그보다 더 큰 울림을 주는 짧은 시를 써냈다.

겹겹이
걸어놓은
빗장을 풀고

아래로 아래로
내려가면

대대로 이어가는
촛불 공장이 있습니다
　　　－「양배추의 비밀」 전문

만물은 저마다 파동이 있다. 「사랑 방정식」, 「홀쩍새」, 「11월」 등의 파동은 가히 메가톤급이다. 그 파동에 따라

서로 공명하며 메아리를 일으킨다. 사랑은 사랑의 메아리를, 미움은 미움의 메아리를 낳는다. 사랑은 더 큰 사랑으로, 미움조차도 용서와 사랑으로 전환 시켜 메아리치도록 자기 내면의 공간을 닦고 비워 독자의 몫으로 남겨둔다. 좋은 영감, 창조적 발상은 머리를 쥐어짜서 나오는 것이 아니다. 섬광처럼 번개처럼 어느 한순간 번쩍하고 찾아오는 것이다. 자기가 하는 일상의 일에 혼신을 힘을 다해 몰입할 때 선물처럼 주어진다. 가장 사랑하는 마음으로, 가장 감사한 마음으로 사물을 보고, 사람을 바라볼 때 번개처럼 내리꽂힌다.

아들의 권유로 90세를 넘겨 글쓰기를 시작한 일본의 시바타 도요는 '시 쓰기를 통해 알게 된 것은 인생에 괴롭고 슬픈 일만 있는 건 아니라는 사실이었다.'라고 술회하며 반짝이는 감성과 따뜻한 목소리로 삶의 소중함을 일깨우고 있다. 그녀의 시에 못지않게 조금도 손색이 없는 안 시인의 시에서 평자는 희망을 건져 올리며 가슴속 깊은 곳에서 울려오는 울림을 경험한다. 짧은 시 속에 들어있는 알찬 열매, 그걸 맛보는 독자는 이런 시인을 존경하지 않을 수 없다.

명주(銘酒)는

한 잔의 향기로

순간이 취하지만

나는

당신의 향기에

평생이 취합니다

　　　-「취향」 전문

3. 나오는 말

　시를 쓰면 마음이 고와진다는 말은 사실이다. 시 한 편이 자신을 담아내고 무수한 이들의 눈물을 씻어준다는 생각으로 시를 쓰고 있는 안 시인이 부럽다. 올곧은 시선으로 세상을 바라보되 낮은 목소리로 차분하게 노래함으로써 그의 리얼리즘은 서정성과 어깨동무한다

　그의 시집을 읽다 보면 그가 따다 넣어둔 잘 익은 태양, 향 짙은 술 냄새와 사과의 붉은 웃음들과 만나는 행운을 얻는다. 안 시인에게서는 글 냄새보다 사람의 냄새가 솔솔 배어 나와 독자들을 취하게 한다. 글 속에서 흘러나오는 사람의 냄새는 진실한 때만 가능하다. 진실은 서툴고 어색해도 따사로운 사랑의 훈김이 서려 있어 독자들을 감동시킨다. 안시찬, 그는 우리가 사는 세상에 감미로운 향기를 뿜어주는 등대 같은 사람이다. 어두운 밤 뱃길을 밝혀주는 등대 같은 사람이 만든 주택에는 누가 들어와 살아도 만족한다.

　서정과 상상력과 해학과 카타르시스적인 언어로 갈피마

다 고매한 인격이 뿜어내는 향이 걸어 나온다. 안 시인은 얼마나 조심스럽게 언어를 세상에서 가져다가 시의 집을 지어놓았는가? 그 집은 세필로 그려낸 천연색 정밀화가 아닐 수 없다. 목수가 목공을 하고, 석수가 석공을 하고, 벽돌공이 벽돌을 쌓듯 산수(傘壽)를 지난 나이에 지어놓은 시의 집이 이렇게 견고할 수가 없다. 시를 읽으며 시인이란 태어나기도 하지만 만들어지는 것이라는 생각을 여러 번 하게 됐다.

제한된 형식 안에 절제된 언어로 의미를 담아내고 거기에 미적 감동까지 주어야 하는 작업은 고통스러운 것인데 안 시인은 거기에 타고난 재능을 보여주니 어이 아니 기쁜가? 그래서 평자는 그를 일급언어예술가요, 일급언어요리사라 칭하고 싶다.

삶의 한가운데서 세상을 바라보며 노래하는 사람이 시인이다. 안 시인은 고급의 미적 취향이 잡힌 쾌감과 자율성의 원리에서 접근한다. 순진무구하고 무아지경의 한국미학에 도달해 있는 시를 써내는 그가 부럽다.

정호승 시인은 「내가 사랑하는 사람」에서 '나무 그늘에 앉아 다른 사람의 눈물을 닦아주는 사람의 뒷모습을 바라보면 세상은 그 얼마나 곱고 아름다운가.'라고 읊었는데 그의 시가 그렇다. 평자도 별빛처럼 반짝이는 아름다운 시를 쓰는 사람을 만나면 굉장히 흥분되고 설렌다. 그러니 독자는 어떠하랴. 안 시인은 자신이 궁극적으로 가지고 있는 언어 중에서 내적으로 깊이 들어와 보석처럼 박히는 언어, 자신이 발견한 언어로 시를 쓰기에 독자들이 좋아한다. 시의 골격을 튼튼히 하고, 연차가 많아질수록 토속 서정을 바탕으로 한 지혜가 새롭게 표출되고 있다. 그의 시를 읽으면서 문학은 정치도 아니고, 사업도 아니고, 자격증으로 행세하는 것도 아니라는 생각을 다시금 하게 되었다.

시를 쓰는 일이 인간의 갈등과 모순을 카타르시스로 유도하는 작업이라 할 때 산고와 출산의 산물인 한 편의 시는 창작 주체인 시인에게 큰 의미를 제공해 준다. 그러하기에 독자의 즐거움은 배가(倍加)된다.

앞으로도 삶과 인생과 철학을 아우르는 향이 있고, 세상의 고통과 환희를 자신의 것으로 깊이 새기는 시들로써 독자들을 기쁘게 해주었으면 하는 바람을 전하면서 다섯 번째 시집을 기대한다.

오름시인선 · 75

북한산 매미

지은이 _ 안시찬

펴낸날 _ 2025년 9월 15일

펴낸곳 _ 기획출판 오름 / 발행인 _ 김태웅

　　　　등록번호 _ 동구 제364-1999-000006호

　　　　등록일자 _ 1999년 2월 25일

　　　　주소 _ 대전광역시 동구 대전로 815번길 125 2층 (삼성동)

　　　　전화 _ 042.637.1486

　　　　E-mail _ orumplus@hanmail.net

ISBN _ 979-11-94471-11-0

값 12,000원